curiosidad por

LA LUCHA DE NOVILLOS

I0867212

POR RACHEL GRACK

AMICUS LEARNING

¿Qué te causa

curiosidad?

Curious About es una publicación de
Amicus Learning, un sello de Amicus
P.O. Box 227, Mankato, MN 56002
www.amicuspublishing.us

Copyright © 2025 Amicus.
Derechos de autor internacionales reservados en todos los países.
Ninguna parte de este libro puede ser reproducida
de ninguna forma sin permiso escrito del editor.

Editores: Megan Siewert y Ana Brauer
Diseñadora de la serie: Kathleen Petelinsek
Diseñadora del libro e investigadora
fotográfica: Kathleen Petelinsek

Library of Congress Cataloging-in-Publication Data
Names: Koestler-Grack, Rachel A., 1973- author.
Title: Curiosidad por la lucha de novillos / Rachel Grack.
Other titles: Curious about steer wrestling. Spanish
Description: Mankato, MN : Amicus Learning, 2025. | Series: Curiosidad por el rodeo | Includes index. | Audience: Ages 6–9 | Audience: Grades 2–3 | Summary: "Learn how cowboys and cowgirls (and their horses) compete in steer wrestling rodeo events in this Spanish question-and-answer book for elementary-aged readers. Translated into North American Spanish. Includes infographics, table of contents, glossary, and index"—Provided by publisher.
Identifiers: LCCN 2024022454 (print) | LCCN 2024022455 (ebook) | ISBN 9798892002943 (library binding) | ISBN 9798892003025 (paperback) | ISBN 9798892003100 (ebook)
Subjects: LCSH: Steer wrestling—Juvenile literature.
Classification: LCC GV1834.45.S73 K6418 2025 (print) | LCC GV1834.45.S73 (ebook) | DDC 791.8/4—dc23/eng/20240520
LC record available at https://lccn.loc.gov/2024022454
LC ebook record available at https://lccn.loc.gov/2024022455

Créditos de las fotos: Alamy Stock Photo/BYphoto, 11, Ed Endicott, 2, 17, Photography By Marco, 7, Xinhua, portada, 1; Dreamstime/Dtfoxfoto, 3, 20-21, Pierre Jean Durieu, 18-19, Rico Leffanta, 6; Shutterstock/archivector, 8, Christopher Halloran, 12-13, Diane Garcia, 2, 9, Jim Parkin, 17, Kobby Dagan, 4-5, Unique Design Team, 8; Wikimedia Commons/Skarabeusz, 14-15

Impreso en China

CAPÍTULO UNO

1

¿Qué es la lucha de novillos?

¿LO SABÍAS?
La lucha de novillos a veces se llama *"bulldogging"*.

Los rodeos ofrecen a los vaqueros y vaqueras la oportunidad de demostrar sus habilidades del enlazamiento y la equitación.

Es un deporte de rodeo cronometrado. Dos vaqueros a caballo persiguen a un **novillo**. El cuidador va por su lado derecho y lo guía hasta el novillero. El novillero se baja de su caballo al galope y **lucha** con el novillo hasta derribarlo. Gana el tiempo más rápido.

¿Pueden hacerlo las mujeres?

Una vaquera compite en el evento de desvestir a novillos.

Los novilleros **profesionales** mayormente son hombres. Hay algunas mujeres que trabajan como cuidadoras. En cambio, las damas compiten en desvestir a novillos. Los eventos son similares. Pero las damas no desmontan. La jinete se inclina fuera de su montura. Se acerca al lomo del novillo. Saca una cinta y la sostiene en alto.

Desvestir a novillos requiere un equilibrio y unas habilidades de equitación excelentes.

¿Qué tan difícil es la lucha de novillos?

¡Muy difícil! El novillo pesa dos veces más que el vaquero. Los novilleros tienen que ser muy fuertes para derribar a uno. Ambos alcanzan las 30 millas por hora (48 kilómetros por hora) durante la persecución. Se necesita velocidad, equilibrio y sincronización exacta. No hay lugar para los errores. Los jinetes deben ser superrápidos para ganar.

EN LA BALANZA: NOVILLERO CONTRA NOVILLO

Novillero:
180-300 libras
(80-135 kg)

Novillo:
450-650 libras
(200-300 kg)

Los novilleros tienen que hacer mucho entrenamiento con pesas para ser lo suficientemente fuertes como para luchar un novillo.

CAPÍTULO DOS

¿Está suelto el novillo?

No. Empieza en el **corral**. El cuidador y el novillero hacen retroceder a sus caballos hasta el **cajón**. Asienten. El novillo se suelta. Entra corriendo en el ruedo. El novillo tiene ventaja. Los vaqueros salen corriendo del cajón.

El novillo sale del corral cuando se abre la puerta.

El trabajo principal del cuidador es asegurarse de que el novillo no se escape.

¿Qué ocurre en el ruedo?

¿LO SABÍAS?
Los novilleros necesitan a un buen cuidador. Se reparten el dinero del premio.

El novillero carga hacia el novillo. Se acerca. Mientras tanto, el cuidador mantiene al novillo en línea recta. El novillero se agacha al bajar de la silla. Engancha su brazo derecho bajo el cuerno derecho. Con la otra mano agarra el cuerno izquierdo. Es hora de tirarlo.

¿Cómo tira al novillo?

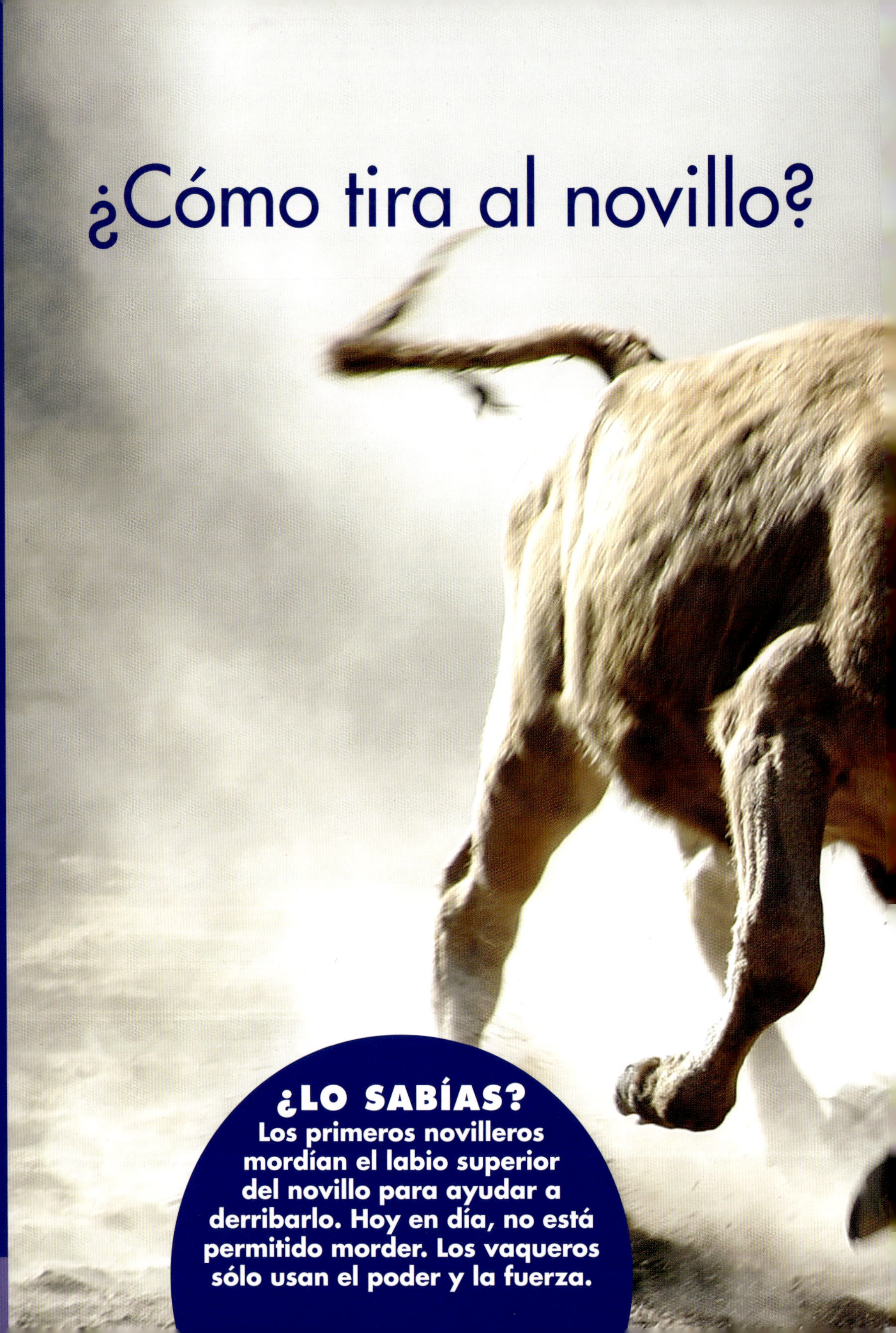

¿LO SABÍAS?

Los primeros novilleros mordían el labio superior del novillo para ayudar a derribarlo. Hoy en día, no está permitido morder. Los vaqueros sólo usan el poder y la fuerza.

El novillero clava los talones en la tierra. Esto retrasa al novillo. Le gira la cabeza y tira de él hacia abajo. Cae de lado. Un tirón más de los cuernos. El cuerpo gira. Ahora las cuatro patas apuntan en la misma dirección. ¡Para el reloj!

La lucha de novillos se llama en broma "tirar carne". ¿Sabes por qué?

¿Le hace daño al novillo?

Buena pregunta. Estos novillos aguantan bien las peleas. Son **criados** para ser robustos. Se les entrena para el trabajo. Los novillos están acostumbrados a estar con la gente. Esto disminuye su estrés en el ruedo. Sí, pueden hacerse daño. Pero los veterinarios de rodeo ayudan a mantenerlos sanos y salvos.

CÓMO LOS VETERINARIOS MANTIENEN A SALVO A LOS NOVILLOS

Comprueban que los animales están suficientemente sanos para actuar.

Tratan a los animales si se hacen daño.

Inspeccionan los ruedos y los corrales para asegurarse de que son seguros.

Están atentos a las lesiones.

Los novillos suelen llevar envolturas en los cuernos para protegerlos más.

CAPÍTULO TRES

¿Hay reglas?

¿LO SABÍAS?
Los cuidadores tienen sus propias reglas. No pueden romper la barrera ni tocar al novillo de ninguna manera.

La rotura de la barrera se produce cuando el jinete sale corriendo antes de que caiga la cuerda de la barrera.

Algunas. Primero, los jinetes deben ser pacientes. Tienen que dar ventaja al novillo. Romper la barrera añade 10 segundos a su tiempo. A continuación, el novillo debe caerse. Puede tropezar o ser derribado. El jinete debe dejar que se levante. De lo contrario, será **descalificado**.

¿Cuándo se para el reloj?

Cuando el novillo está tumbado de lado. Y su nariz y pies apuntan en la misma dirección. La lucha de novillos es un evento cronometrado. Los jinetes tienen 30 segundos. Pero los profesionales lo hacen en menos de cinco. Los tiempos son a menudo una centésima de segundo de diferencia. Gana el más rápido. Si el novillo se escapa, puntúan "no tiempo".

¡MANTÉN TU CURIOSIDAD!

HAZ MÁS PREGUNTAS

¿Pueden los niños luchar con novillos?

¿Cuánto dinero ganan los luchadores de novillos?

Prueba con una GRAN PREGUNTA: ¿Preferiría ser un novillero o un cuidador?

BUSCA LAS RESPUESTAS

Busca en el catálogo de la biblioteca o en el internet.
Pueden ayudarte tus padres, un bibliotecario o un maestro.

Uso de las palabras clave
Encuentra la lupa.

Las palabras clave son las palabras más importantes en tu pregunta.

Si quieres saber:

- sobre la lucha de novillos para niños, escribe: LUCHA DE NOVILLOS JUVENIL
- sobre las ganancias de los luchadores de novillos, escribe: PAGOS DE LA LUCHA DE NOVILLOS

GLOSARIO

cajón Donde los jinetes meten a sus caballos para un evento cronometrada de rodeo.

corral El área que mantiene a los animales en posición para que los jinetes puedan montar con seguridad.

criado Cuando los animales se aparean para obtener un tipo determindao de características.

descalificado Ser expulsado de una competición por romper una regla.

luchar Pelear con un oponente e intentar derribarlo.

novillo Ganado macho que no puede reproducirse.

profesional Alguien que participa en un deporte por dinero.

ÍNDICE

Sobre la autora

Rachel Grack lleva veinticinco años escribiendo obras de no ficción para niños. Vive en un rancho en el corazón del país del rodeo (sur de Arizona). Algunas tardes, se acerca a ver a sus vecinos en competiciones amistosas de roping. Un restaurante del oeste de la ciudad ofrece semanalmente monta de toros y carreras de carneros. Pero Rachel prefiere pasear tranquilamente a lomos de su dócil caballo Lady.